BEI GRIN MACHT SICH IHR WISSEN BEZAHLT

AF144786

- Wir veröffentlichen Ihre Hausarbeit,
  Bachelor- und Masterarbeit

- Ihr eigenes eBook und Buch -
  weltweit in allen wichtigen Shops

- Verdienen Sie an jedem Verkauf

Jetzt bei www.GRIN.com hochladen und kostenlos publizieren

Bibliografische Information der Deutschen Nationalbibliothek:

Die Deutsche Bibliothek verzeichnet diese Publikation in der Deutschen National-bibliografie; detaillierte bibliografische Daten sind im Internet über http://dnb.d-nb.de/ abrufbar.

Impressum:

Copyright © 2017 GRIN Verlag, Open Publishing GmbH
Druck und Bindung: Books on Demand GmbH, Norderstedt Germany
ISBN: 9783668475472

Dieses Buch bei GRIN:

http://www.grin.com/de/e-book/370152/pferde-im-mittelalter-instrument-oder-statussymbol

Anonym

Pferde im Mittelalter. Instrument oder Statussymbol?

Zur kulturell-gesellschaftlichen Bedeutung eines Tieres und der englischen ritterlich-höfischen Kultur im 12. Jahrhundert

GRIN Verlag

GRIN - Your knowledge has value

Der GRIN Verlag publiziert seit 1998 wissenschaftliche Arbeiten von Studenten, Hochschullehrern und anderen Akademikern als eBook und gedrucktes Buch. Die Verlagswebsite www.grin.com ist die ideale Plattform zur Veröffentlichung von Hausarbeiten, Abschlussarbeiten, wissenschaftlichen Aufsätzen, Dissertationen und Fachbüchern.

Besuchen Sie uns im Internet:

http://www.grin.com/

http://www.facebook.com/grincom

http://www.twitter.com/grin_com

Pferde im Mittelalter

Instrument oder Statussymbol?

Zur kulturell-gesellschaftlichen Bedeutung eines Tieres und der englischen ritterlich-höfischen Kultur im 12. Jahrhundert.

Humboldt-Universität zu Berlin

Philosophische Fakultät I, Institut für Geschichtswissenschaften

B.A. Geschichte und Sozialwissenschaften

Fachsemester: 3. FS

Seminar: Guillaume le Maréchal. Ein Ritter und seine Welt.

Abgabetermin: 15.04.2017

Inhalt

1. Einleitung

Der Ritter, als reitender Kämpfer des Mittelalters, steht auch heute noch sinnbildlich für die höfische Kultur der mittelalterlichen Epoche. Denken wir an Ritter, kommen wir nicht umhin sie auf einem großen, prächtigen Pferd in strahlender Rüstung zu sehen. Der Fokus der Ritterforschung lag lange Zeit vorwiegend auf dem Reiter mit Schwert und Rüstung, nicht aber auf der wichtigen Grundlage dieser bekannten mittelalterlichen Ikone, dem Pferd.

Das Pferd kann zweifelsohne als Katalysator des menschlichen Fortschritts betrachtet werden. Über Jahrhunderte hinweg revolutionierte es, global, unzählige Bereiche gesellschaftlichen Lebens. Transportwesen, Agrarwirtschaft, Mobilität, Militärwesen, Informationswesen sind hier zu nennen. Vereinfacht gesagt brachte das Pferd Geschwindigkeit und Kraft in die Welt. Die Periodisierung der Geschichte wurde durch Reinhart Koselleck treffend einfach, hippologisch strukturiert: Vor- Pferdezeitalter, Pferdezeitalter und Nach- Pferdezeitalter[1]. Man könnte auf Wirtschafts-, Militär-, Alltagsgeschichte, Technik-, Transport- und Symbolgeschichte eingehen, kein Bereich wurde nicht von diesem Tier verändert und kultiviert. Die vorliegende Arbeit wird sich dem Pferd im 12.Jahrhundert widmen, im speziellen wird die ritterlich- höfische Kultur Englands jener Zeit ins Blickfeld gerückt, da zwischen 1144-1166 das Angevinische Reich in großem Stil territorial expandierte. Dabei soll untersucht werden, welchen Stellenwert das Pferd im gesellschaftlichen Bereich zugesprochen werden kann, sowie welchen Einfluss es auf Machterweiterung und Machterhalt hatte. Hauptaugenmerk wird deshalb auf das Schlachtross gelegt. Auch soll die soziale Mobilität des Ritters besprochen werden. Die Quellenlage ist im historiographischen Bereich der zu untersuchenden Zeit leider nicht sehr ergiebig, jedoch werde ich aufbauend auf der Hauptquelle, der "Histoire de Guillaume le Maréchal", Sekundärliteratur aus den Bereichen der Ethnologie, Anthropologie und Soziologie einbeziehen, sowie Kartenmaterial. Der Forschungsstand bezieht sich zumeist auf die militärische Funktion dieses Tieres, und dessen verschwinden im 20. Jahrhundert, deshalb werde ich auf viele Aufsätze in Sammelbänden zurückgreifen, da Monographien rar sind.

---

[1] *Koselleck R.*, Der Aufbruch in die Moderne oder das Ende des Pferdezeitalters, in: Historikerpreis der Stadt Münster 2003. Dokumentation der Feierstunde am 18. Juli 2003, Münster 2003, S. 23-37

2. Zur Bedeutung von Tieren in der humanen Gesellschaft

Arnold Gehlen verstand den Menschen als „Mängelwesen", der Mensch hat laut ihm in vielen Bereichen des Lebens Defizite. Tiere dienen zum Ausgleich dieser Defizite.[2] Dem Ansatz, dass Tiere „Träger" der menschlichen Kultur sind, wird von Ethnologen seit geraumer Zeit Beachtung geschenkt. Da domestizierte Tiere Besitz darstellen und somit Abbild des gesellschaftlichen Status sein können. In der mittelalterlichen Kultur, vor allem im Bereich der Landwirtschaft und des Ritteradels kommt dieser Ansatz zum Tragen. So sind Tiere fest integrierte Faktoren des damaligen Alltagsgeschehens und des wirtschaftlichen Kreislaufs und, folgerichtig, Teil eines sozialen Komplex. Auf diese Weise wird ein interdependenter kultureller Integrationszyklus geschaffen.[3] Besonders Pferde nehmen in diesem Zyklus einen historisch unvergleichbaren Platz ein. Demnach kann behauptet werden, dass das Pferd Aushängeschild für die soziale Position eines Menschen, in der damaligen Gesellschaft war.

2.1. Pferde in der mittelalterlichen Gesellschaften – Der kentaurische Pakt

In der Mensch-Pferd- Biozönose werden humaner Intellekt und animalische Kraft vereint, welche zu Fortschritt führen.

Die Bedeutung des Pferdes ist wie in der Einleitung erwähnt nicht zu unterschätzen. So muss grundlegend, wenn auch nicht en Detail darauf eingegangen werden, welche Lebensbereiche von Pferdestärken „abhängig" waren, um die Effektivität jener zu vergrößern. Primär sollte hier die Nahrungsversorgung genannt werden, so wurden Pferde in der Landwirtschaft als Nutztiere verstanden, hinzu kommt die Rolle des Lasten- bzw., Transporttieres in ökonomischer, infrastruktureller und informationstechnischer Hinsicht (dazu mehr in Kapitel 5).

Darüber hinaus waren Pferde kriegswichtig, und somit entscheidendes Machtinstrument. Warum? Weil sie schnell sind!

---

[2] *Hartmut Böhme* (Hrsg.), Tiere. Eine andere Anthropologie. (Schriften des Deutschen Hygiene-Museums Dresden, 3). Köln 2004

[3] *Nik Taylor*, Humans, animals, and society. An introduction to human-animal studies. New York 2013, 82 zitiert nach Hamilton and Taylor 2012, p. 44

„Die wichtigste Leistung, die mit dem Pferd in die Geschichte kommt, ist die Geschwindigkeit [...]. Das Pferd [...] ermöglichte es Herrschaft in einem territorialen Umfang, wie sie ohnedem undenkbar gewesen wäre. Dank dem Pferd ließen sich weite Territorien erobern und ausgedehnte Herrschaften errichten; mehr noch sie ließen sich sichern und aufrechterhalten."[4]

Somit ist das Pferd nicht nur gesellschaftlich, sondern, vor allem auch politisch von enormer Bedeutung, es gewährleistete Optionen der Machtpolitik und Eroberungspolitik für die damalige Zeit, in neuen, großen Dimensionen zu planen und zu vollziehen.[5] Voraussetzung dafür war die Domestizierung und Zähmung, dieses sensiblen Fluchttieres. Im England des 12. Jahrhunderts wurden Pferde zumeist im Turnier auf kriegerische Situationen trainiert. Der Reiter, in diesem Fall ein Ritter, wird im folgenden Erwähnung finden.

3.   Miles - Der berittene Krieger

Der Ritter, wäre wohl nichts ohne sein Pferd und vice Versa, jedoch würde es nicht einmal seinen Titel ohne seinen animalischen Begleiter geben, da:

„[...] die seit dem späten 11. Jahrhundert belegten volkssprachlichen Bezeichnungen offenbaren, welche Rolle dabei das Streitross für den miles loricatus, den Panzerreiter spielte: Das altfranzösische Wort für chevaliers ist abgeleitet vom lateinischen caballarius (ursprünglich Pferdeknecht), und das mittelhochdeutsche Wort »rit(t)er« bedeutet Reiter. Mit dem englischen knight dagegen überdauerte die Bedeutung von miles, Krieger."[6]

Das Ziel eines angehenden Ritters war die Schwertleite, oder das was hinlänglich unter dem Begriff Ritterschlag bekannt ist. Jedem Ziel geht ein Weg voran, hier musste sich der, der sich eines Tages mit dem Titel des Ritters kleiden wollte diverse Fähigkeiten aneignen, die ihm diese Würde zu teil werden ließen. Vor allem der Umgang mit

---

[4] *Ulrich Raulff,* Das letzte Jahrhundert der Pferde. Geschichte einer Trennung. 5. Aufl. München 2016, Pos. 180-188

[5] *Raulff* (wie Anm. 4), Pos. 188

[6] *Josef Fleckenstein/Thomas Zotz,* Rittertum und ritterliche Welt. 1. Aufl. Berlin 2002, 173–175

Pferden und Waffen, sowie das erlernen feiner Sitten oder der *curiales disciplinae* (höfische Zucht) gehörte dazu.[7]

Ritter waren, fernab von den Dogmen der ritterlich-höfischen Kultur, vereinfacht gesagt Soldaten, denn es war der Kriegsdienst der den Ritteradel schuf.[8]

Ein Krieger, der unter diversen Tugenden agierte, diese waren *reht, milte, staete* und *maze*[9] und prägend für das Bild des Ritters in der Zeit der vollen Entfaltung des Rittertums (12. zum 13. Jahrhundert).[10]

Jedoch zeichnet sich zwischen der Realgeschichte und dem Ideal ein diametrales Bild ab. Als höchste Tugend sei das Geben (*curialitas*) genannt, allerdings wurde realgeschichtlich geraubt und getötet.[11]

Vorbereitung auf kriegerische Auseinandersetzung fanden zumeist während eines Turniers oder auch *simulacrum belli,* dem simulierten Krieg statt.[12]

Hier bestand nicht nur die Möglichkeit sich und seine Reitkunst zu kultivieren, sondern auch sozialer Prestigegewinn, Knüpfung von Kontakten, sowie die Erbeutung von anderen Rittern und Pferden, durch die man einen finanziellen Zugewinn mittels Lösegelderpressung erhalten konnte. Sozialer Aufstieg waren demnach abhängig von der Reitkunst der Ritter, ergo galt das Pferd als Fundament des sozialen Aufstiegs. Der erfolgreichste Turnierkämpfer war seinerzeit Guillaume le Maréchal, der erste Earl von Pembroke, welcher den Ruf hatte, der beste Ritter aller Zeiten zu sein.

3.1. Das Turnier oder das Pferd Tummeln

„Sir Philip de Valognes was armed so elegantly and so very finely, and the handsomest knight of all oft hem; he was also swifter than any bird. For this many a knight observed him. The Marshal observed him closely, then immediately he left the ranks, spurred on his horse Blancart; he launched himself at great speed into their midst and seized Philips's bridle. Philip made

---

[7] *Fleckenstein/Zotz* (wie Anm. 6), 190

[8] *Alexander Frhr von Reitzenstein*, rittertum und ritterschaft. ((Bilder aus deutscher Vergangenheit, Bd. 32)). München 1972, 11

[9] Recht, Freigiebigkeit, Beständigkeit, maßvolles Leben

[10] *Fleckenstein/Zotz* (wie Anm. 6), 188

[11] *Fleckenstein/Zotz* (wie Anm. 6), 188

[12] *Fleckenstein/Zotz* (wie Anm. 6), 209–210

every effort to defend himself, but no effort was on any avail: the Marshal by force dragged him towards himself and took him away from the tournament." HGM 1324-1339

Diese Beschreibung eines Turnierkampfes macht deutlich, dass es nicht nur, um sportliches Kräftemessen ging. Die Bezeichnung des Turniers unterlag, wie viele Begriffe in der Geschichte, einer Transformation, aber auch damals war die Perzeption eines Turniers mehrdeutig, so konnte man es als simulierten Krieg oder auch als Festlichkeit ansehen, ausschlaggebend war vermutlich der Veranstalter und der Verhöflichungsgrad des Turniers.[13]

All dies fand auf dem Rücken der Pferde statt. Interessant an diesem Quellenauszug ist, dass das Pferd Guillaume le Maréchals namentlich Erwähnung findet. Dies lässt auf eine besondere Stellung des Pferdes deuten, wahlweise durch seine Kraft, Ausdauer und Wendigkeit oder auch durch die emotionale Bedeutung/ Bindung für den Reiter selbst. So widersprüchlich die ritterlichen Tugenden in Bezug auf die Realität, so widersprüchlich auch die Perzeption des Turniers in der Literatur. Es ist gesichert das die Kreuzzüge kirchlich motivierte Konflikt darstellten, allerdings verbot die Kirche das Turnier da dieses den Tugenden der Ritterlichkeit widersprach. So machten sich die Ritter der neben eventuellem Prestigegewinn der sieben Totsünden schuldig:

> „[…] des Hochmuts, da nur eitler Ruhm erstrebt wird; des Neids, da jeder dem anderen den Erfolg neidet; des Hasses, weil einer den anderen schlägt, verwundet und tötet; der Habsucht, weil einer den anderen gefangen nimmt und seiner Waffen sowie seines Pferdes beraubt; der Vergnügungssucht, weil die Ritter für waffentüchtig gehalten werden wollen, um schamlos Frauen zu gefallen, deren Insignien sie gleichsam als Fahnenzeichen tragen."[14]

Deutlich daran wird, dass das Pferd in einem Satz mit den Waffen genannt wird und somit eine Distinktion betont wird, nämlich im Bereich der Wertigkeit die dem Pferd zugeschrieben wird. Es wird nicht als bloßer Gegenstand gewertet.

Da die militärische Auseinandersetzung, zumeist eine Choreographie sich aufeinander zubewegender Reiterverbände war, kann vermutet werden das sich das bei einem Turnier ähnlich verhielt. Es ist schwer vorstellbar das dieser Angriff, ohne Regeln auskam.

> „Die angreifenden Reiter müssen ihre Pferde aufeinander abstimmen, so dass das langsamste Pferd der Formation das Tempo vorgibt. Wenn jeder anreitet, so

---

[13] *Fleckenstein/Zotz* (wie Anm. 6), 209–210

[14] *Fleckenstein/Zotz* (wie Anm. 6), 208f.

schnell ihn sein Pferd trägt, führt dies zur Katastrophe; [...] ein derart diszipliniertes Verhalten [ließ] sich nur schwerlich mit dem individuellen Streben nach kriegerischem Ruhm vereinbaren. Im Pferd und seiner Qualität schlug sich auch das Rangbewusstsein seines Reiters nieder, was diesen dazu verleiten konnte, jenseits aller taktischer Überlegungen ganz allein auf *sein* Pferd und damit *seinen* Ruhm zu setzen. "[15]

Vermutlich gab es um diesem individuellen Ruhmstreben vorzubeugen eine spezielle Form des Einzelkampfes.

Sünde und Kirche sind Begriffe die sich schwer vereinbaren lassen, demzufolge sprach die Kirche ein Turnierverbot aus und verwehrte Rittern das christliche Begräbnis, dieses Verbot wurde erst 1316 von Papst Johannes XXII aufgehoben. Ständige Ausnahme zu diesem Verbot machte der Einzelkampf, der Buhurt, der im Folgenden Erwähnung findet. [16]

3.2. Der Buhurt

Der Buhurt ist eine Begegnung zwischen zwei Rittern, die sich im Lanzenkampf messen. Diese Übung empfand die Kirche nicht nur als zulässig, sondern notwendige Übung für zukünftige Kämpfe/Kriege in dessen Namen. Symbolträchtig erscheint dieses Kräftemessen, da der einzelne Ritter im Fokus stand.[17] Dieses zur Schau stellen der Fähigkeiten konnte über soziale Chancen bestimmen und, wie im Falle Guillaume le Marèchals, über den restlichen Lebensverlauf entscheiden. Gewann man den Buhurt, gewann man Verfügungsgewalt über seinen Gegner und dessen Besitz. Der Sieger machte auf sich Aufmerksam und konnte, wie im Falle Guillaumes, von großen Königen in verantwortungsvolle Stellungen erbeten werden.

---

[15] *Rainer Pöppinghege* (Hrsg.), Tiere im Krieg. Von der Antike bis zur Gegenwart. Paderborn 2009

[16] *Fleckenstein/Zotz* (wie Anm. 6), 209

[17] *Fleckenstein/Zotz* (wie Anm. 6), 210

4. Die Pferd-Mensch-Beziehung

„A man already armed in such a predicament as this, but whose horse is too far away from him when his enemies attack, is more quickly taken and held by them, and suffers more harm and hurt at their hands then if he were already in the saddle. Any man who is far from his horse will soon come unstuck in his hour of need. I have seen man on occasions, come unstuck in this way, thereafter to die or suffer the ignominy of capture."
HGM 2177-2187

Das Pferd tritt in dieser Szene der Histoire als Lebensretter auf, denn Pferd und Ritter bilden eine Kampfeinheit, so scheint der Ritter förmlich beschnitten ohne es und tritt, wie bereits erwähnt, als militärisches Mängelwesen auf. Man gewinnt nicht den Eindruck, dass diese Textstelle der sonst üblichen mediävistischen, sehr heroisierenden Intentionen der damaligen Schriftsteller unterliegt. Diese Darstellungsweise ist sehr treffend, denn ein lebensrettendes Abhängigkeitsverhältnis zum Pferd wird hier deutlich. Allerdings steht nicht das Pferd im Fokus, sondern nur seine Funktion für den Reiter. Das Pferd gehört zur Ausrüstung des Reiters, wie seine Lanze oder sein Schild. Es ist seine „Waffe und elementarer Bestandteil des Gewaltpotenzials das von ihm ausgeht"[18]. Dieses Gewaltpotentials beschnitten strahlt der Ritter keine Bedrohung für den Gegner aus, somit ist auch sein Selbstverständnis beschnitten.

Dies wird deutlicher, wenn man sich noch einmal den Quellenauszug im Abschnitt 3.1., Das Turnier, ansieht. Das Pferd besitzt zudem einen Insignien Charakter und hat symbolische Kraft, somit lässt sich vermuten, dass eine emotionale Bindung zwischen Reiter und Pferd bestand, in der Quelle bewahrt das Pferd seinen Reiter vor Leid und Schande. Im Folgenden soll auf die Funktionalität des Pferds im Gefecht, sowie auf den Symbolcharakter des Pferdes eingegangen.

4.1. Funktionalitätsunterschiede der Pferde

Bereits in der Antike verfasste der Philosoph Xenophon eine Abhandlung über die Reitkunst. Seine wichtigste Aufforderung war, dass das Pferd gut zu behandeln sei, da man sich in Kriegs- und Notsituationen auf es verlassen können müsse. Hier spilt er auf die Vertrauensbeziehung zwischen Reiter und Reittier an. Mittelalterliche Kriege/ Konflikte zeichnen sich durch berittene Heere aus. Das Pferd diente nicht nur als Waffe

---

[18] *Pöppinghege* (Hrsg.) (wie Anm. 15), 49

in, es reiht sich wie bereits erwähnt eher in ein erhebliches Repertoire ein, das einem Ritter zur Verfügung stand. Schlachtrosse wurden eigens für diesen Einsatz trainiert und mussten gewissen Anforderungen gerecht werden, hierzu zählen Ausdauer, Kraft und Verhalten. Zwischen 1250 und 1350 kostete ein Reitpferd 24mal so viel wie ein Arbeitspferd und ein Schlachtross etwa 800mal so viel, die Verhältnisse der Kosten werden sich 100 Jahre zurück datiert vermutlich gehalten haben, jedoch dient dieser Vergleich dazu, sich ein besseres Bild der finanziellen Wertigkeit eines Schlachtrosses bewusst zu machen. Es ist zu vermuten das auch hier Kriegs und Friedenszeiten eine Rolle spielten, denn auch damals wurde der Markt von Angebot und Nachfrage reguliert. Daraus wird ersichtlich, dass es nicht nur Statussymbol war, sondern gleichzeitig auch der teuerste Ausrüstungsgegenstand eines Ritters. Hinzu kommen die Haltungskosten. Pferde wurden im Mittelalter nicht nach Rassen, sondern nach Einsatzgebieten unterschieden, hier ist erneut ein deutliches Stratifizierungsmuster zu erkennen, welches nicht nur Menschen in Stände unterteilte, sondern auch Pferde als Merkmal dazu nutzte. So sind hier der *palefridi*, die *curriles equi* und die *rustici* zu nennen, also das Reittier, der Läufer und das Arbeitspferd. Ein Ritter zog nie mit nur einem Pferd in die Schlacht, er besaß mindestens drei. Dabei darf die Stellung des Packpferdes nicht unterschätzt werden, denn die Versorgung der anderen Pferde, sowie der Ritter wurde auf seinem Rücken transportiert und es schonte somit die Schlachtrösser vor zu großer Belastung während des Marschs. Dazu eine kleine Kalkulation: 30 bis 45 km konnte man mit der Unterstützung von Pferden, täglich an Distanz zurücklegen. Ein Mensch läuft durchschnittlich je nach Witterung, Last die er zu tragen hat und der Geländebeschaffenheit (bergauf) ca. 5-6 km pro Stunde. Um eine Distanz von 45 km pro Tag zu schaffen, hätte man neun Stunden benötigt. Gehen wir davon aus, dass diese Menschen sich auf eine kriegerische Auseinandersetzung hinbewegten, so lässt sich sagen, dass die menschlichen Kraftressourcen sehr schnell aufgebraucht gewesen wären. Hinzu kommt die Lebensmittelversorgung die nur durch Plünderungen, über lange Strecken, gewährleistet hätte werden können, diese machen eine schnelle Flucht oder totales Auslöschen eines z.B. Dorfes nötig und die Krieger setzten sich zudem Gefahren aus (Verletzung oder Tod). All jene Überlegungen lassen sich durch Pferde simpler, effektiver und kräfteschonender planen.

Kam es dann zu kriegerischen Auseinandersetzungen, wurde das Pferd als erstes ins Visier der Angreifer genommen. Dies ist nicht verwunderlich, in einer Reiterformation ohne Pferd zu sein, bedeutete entwaffnet, unfassbar bewegungseingeschränkt und ohne

Fluchtmöglichkeit zu sein. Die schwere Rüstung und das eingeschränkte Sichtfeld machten den Ritter zu leichter Beute.[19] Bezieht man die eben genannten Aspekte auf die Quelle, kann nochmal zusammengefasst gesagt werden, dass je nach Situation, in der sich der Reiter befand, ob auf dem Schlachtfeld oder dem Turnier, das Pferd, *sein* Pferd, sowohl auf instrumenteller, als auch auf symbolischer Ebene einen privilegierten Stellenwert einnahm. Machthabern war nicht nur an exzellenten Kriegern gelegen, sondern auch an ausgezeichneten Pferden, da diese den Hauptanteil am Erfolg trugen.

4.2. Symbolcharakter des Pferdes

Bereits in der griechischen Mythologie findet sich eine Mensch-Pferdähnliche Gestalt, der Kentaur, die Wortbedeutung ist vielfältig bezieht man sich jedoch auf die lateinische Semantik, so bedeutet *centuria*[20], die Legionstruppen oder das Heerwesen[21]. Das Mittelalter des Okzidents ist christlich nicht mythologisch geprägt, jedoch nehmen Tiere auch in dieser Religion Symbolcharakter ein.

Es ist nicht von der Hand zu weisen, dass das Pferd einen Menschen physisch erhöht und ihn dadurch bereits machtvoll erscheinen lässt. So lässt sich eine Korrelation zwischen Macht und Haltung erkennen. Darauf aufbauend lässt sich vermuten, dass die mächtigsten weltlichen, sowie geistlichen Herrscher den Insignien Charakter des Pferdes für sich entdeckten. Kaiser und Päpste stiegen aus dem Streitwagen oder der Kutsche auf das Ross, also bewegten sie sich aus der beweglichen Passivität in die Aktivität. Nicht auf irgendein Ross, sondern auf einen Schimmel. Dadurch:

> „[...] erhält es den Charakter einem speziellen Insigne, dass im Verband mit den übrigen Herrschaftsabzeichen diesen gleichgestellt wird. Denn es ist nicht zuletzt der unikale Charakter, der ein Insignie erst zu einem solchen macht; wie es nur einen Kaiser gibt, so kann es auch nur eine Krone geben. In diesem Sinne ist der Übergang von der Mehrzahl von Schimmeln zum Gebrauch eines einzigen ein Prozess insignienhafter Unikalisierung."[22]

Der Kaiser steht für die Machtzentrale eines Territoriums, als seine Insignie nimmt das Pferd zugleich eine staatssymbolische Bedeutung ein. Hier ist das Sprichwort, Ludwig

---

[19] *Pöppinghege* (Hrsg.) (wie Anm. 15), 53ff.

[20] http://de.pons.com/%C3%BCbersetzung/latein-deutsch/centuria

[21] *Lexikon des Mittelalters*. J.B. Metzler, Vol. 4, 208-211,

[22] *Jörg Traeger/Christoph Wagner* (Hrsg.), Studien zur Renaissance. Regensburg, 2008, 26

XIV. sehr passend «L'État, c'est moi!» auch wenn er etwas später folgte.[23] Staatssymbolik kann man allerdings wiederum als Funktionalität werten, denn für den Staat bzw. den Herrschaftsbereich erfüllen Pferde eine große Rolle im Bereich der Machterweiterung (in diesem Fall Kriege), aber vor allem der Machterhaltung und Verwaltung. Der zu untersuchende Zeitraum ist das 12. Jahrhundert, Englands Gesellschaft ist zu diesem Zeitpunkt feudal organisiert. Das Lehnswesen ist ein feingliedriges Machtgefüge, dass es zu verwalten galt. Im Folgenden wird auf das zu untersuchende Territorium eingegangen. Die Ausdehnung machte eine massive Verwaltungsstruktur nötig, somit erhöhte sich auch die Infrastruktur der Informationswege. Diese zu bewältigen wäre ohne das Pferd langwierig gewesen, dazu ein kurzer Exkurs zu der Größe des Territoriums des Angevinischen Reichs.

5. Das Angevinische Reich

„Eure Siege trotzen den Grenzen der Welt. Ihr, unser Alexander des Westens, habt Euren Arm von den Pyrenäen bis zu den östlichen Küsten des Nordmeeres ausgestreckt."[24]

Das Territorium, auf das im Folgenden der Fokus gesetzt werden soll, ist das Angevinische Reich, welches sich zwischen 1144-1166 massiv ausdehnte. Unter der Herrschaft des Hauses Plantgenêt wurde es verwaltet. Anhand der Karte ist ersichtlich wie groß dieses Verwaltungsnetz war.

---

[23] *Traeger/Wagner* (Hrsg.) (wie Anm. 21), 27

[24] *Hanna Vollrath* (Hrsg.), Die englischen Könige im Mittelalter. Von Wilhelm dem Eroberer bis Richard III. (Beck'sche Reihe, 1534). München 2009Zitat Giraldus Cambrensis über Heinrich II.

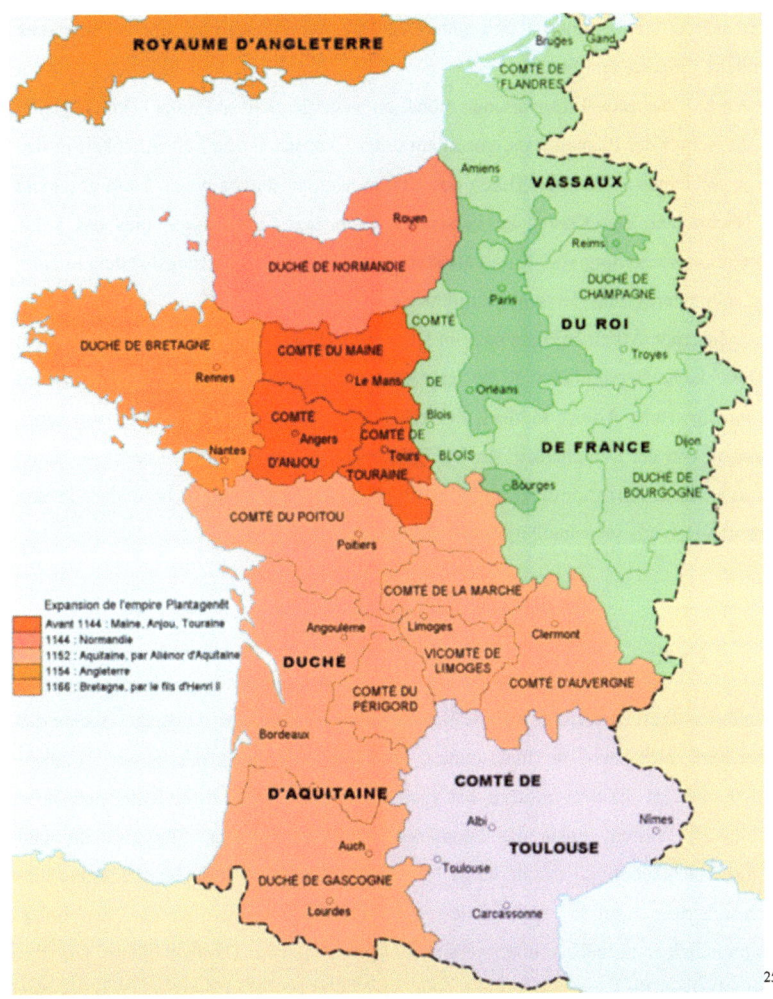

Die Verwaltung eines Herrschaftsgebietes befand sich zur Zeit des 12. Jahrhunderts im Aufbau der Grundstein dafür wurde bereits durch Heinrich I. gelegt der Macht als administrative Realpolitik verstand. Sein Verwaltungsapparat bestand aus Beamten der Krone wie, zum Beispiel sherrifs, exchequer und Richtern.[26] Vor allem Richter und

---

[25] https://br.wikipedia.org/wiki/Restr:France_1154-fr.png, Zugriff am 13.03.2017, 14:11 Uhr

[26] *Vollrath* (Hrsg.) (wie Anm. 23), 56f.

Boten waren im gesamten Reich unterwegs um Mitteilungen zu überbringen oder rechtliche Prozesse zu führen.

Wurden üblicherweise Informationen mündlich weitergereicht so Entwickelte sich unter der Herrschaft der Plantagenêts, vor allem unter Heinrich II. die Schriftlichkeit in den oberen Schichten inflationär. Boten des Königs wurden durchs ganze Land geschickt um Nachrichten des Königs zu versenden. Zum einen begünstigte dies das keine Informationsverzerrung vorlag zum anderen zentralisierte es Regierungshandeln in einer sonst sehr heterogenen Herrschaftsstruktur der Lehnsgesellschaft.[27]

Die vorliegende Arbeit befasste sich im Kern mit dem Schlachtross, welches in diesem Kontext keine wesentliche Rolle einnahm, allerdings fand auch das Reitpferd Erwähnung (siehe Absatz **Fehler! Verweisquelle konnte nicht gefunden werden.**). Abhängig von der Dringlichkeit der königlichen *writs*, gewährleisteten berittene Boten eine schnelle Informationsübermittlung. Im Falle einer Bedrohung, besonders in den Grenzgebieten musste schnell mobilgemacht werden.

6.   Fazit

Es konnte aufgezeigt werden, welche Bedeutung das Pferd in der Alltagsgeschichte des Mittelalters nicht nur in funktionaler, sondern auch in symbolischer Hinsicht zugekommen ist. Es war militärisches Instrument und vor allem für Ritter eine ihrer mächtigsten Waffen, sowie das Fundament und ihres Standes. Für weltliche und geistige Machthaber war das berittene Heer ein Instrument der Machterweiterung und Machtsicherung, große territoriale Verwaltungen hätten weder in hoher Geschwindigkeit aufgebaut noch verwaltet werden können. Darüber hinaus war das Pferd, nicht nur für Ritter, ein Statussymbol. Das Pferd war Abbild des sozialen Standen eines Menschen und eröffnete ihm die Möglichkeit des sozialen Aufstiegs, sowie der Effizienzsteigerung der Lebensumstände. Es tritt sogar, wie besprochen, als Lebensretter auf. Die Symbolträchtigkeit ist, vor allem in ikonografischen als auch literarischen Quellen (die hier nicht miteinbezogen wurden), evident. Viele große Machthaber ließen sich hoch zu Ross portraitieren. Die Kreuzzüge wären, ohne Pferde undenkbar gewesen, genauso wie die darauffolgenden Kriege bis hin zum ersten

---

[27] *Vollrath* (Hrsg.) (wie Anm. 23), 74f.

Weltkrieg, dem das Lastenpferd millionenfach zum Opfer fiel. Das Pferd kann somit in militärischer Hinsicht nicht nur die Rolle der Waffe zugeschrieben werden, sondern auch die Rolle als Opfer. Abgelöst vom motorisierten Transport hat es an alltagsgeschichtlicher Bedeutung verloren. Der Reitsport ist zu einem Hobby der höheren gesellschaftlichen Schichten geworden.

Quellenverzeichnis

Holden, A.J., History of William Marshal, London,1984.

Howlett, Richard, Chronicles of the reigns of Stephen, Henry II. and Richard I London, 1964. S. 137-178

Literaturverzeichnis

Monographien:

Fleckenstein, Josef; Zotz, Thomas, Rittertum und ritterliche Welt. 1. Aufl. Berlin 2002.

Hyland, Ann, The horse in the Middle Ages. Stroud: Sutton 1999.

Meyer, Heinz, Der Mensch und das Pferd. Zur Geschichte und Gegenwart einer Mensch-Tier-Beziehung. Hamburg 2014.

Raulff, Ulrich, Das letzte Jahrhundert der Pferde. Geschichte einer Trennung[E-Book]. 5. Auflage. München 2016.

Reitzenstein, Alexander Freiherr von, rittertum und ritterschaft. München 1972.

Taylor, Nik, Humans, animals, and society. An introduction to human-animal studies., New York 2013.

Wiedenmann, Rainer E.,Tiere, Moral und Gesellschaft. Elemente und Ebenen humanimalischer Sozialität. 1. Aufl. Wiesbaden 2009.

Sammelbände:

Clauss, Martin, Waffe und Opfer-Pferde in mittelalterlichen Kriegen, in: Pöppinghege, Rainer (Hrsg.), Tiere im Krieg. Von der Antike bis zur Gegenwart. Paderborn: Schöningh, 2009, S. 47-64.

Porter, Pamela, The horse in the middle ages, in: Connor, Patricia; Blackmore, David J. (Hrsg.), All the Queen's horses. The role of the horse in British history, [exhibition catalog]. Lexington, 2003. S. 44-45

Gottwald,Theo, Einführung: Liebe-Moral-Politik. Was verbindet Menschen und Tiere (nicht)?, in: Böhme, Hartmut/ Gottwald, Franz- Theo/Holtorf, Christian/ Macho, Thomas/ Schwarte, Ludger/ Wulf, Christoph (Hrsg.), Tiere. Eine andere Anthropologie. Anthropologie des Tieres - Zoologie des Menschen. Köln: Böhlau (Schriften des Deutschen Hygiene-Museums Dresden, 3), 2004, S. 269-272.

Traeger, Jörg; Die symbolische Voraussetzung: Das Pferd als Insignie, in: Wagner, Christoph (Hrsg.) Studien zur Renaissance. 1. Aufl. Regensburg, 2008, S. 19-28.

Aurell, Martin, Die ersten Könige aus dem Hause Anjou (1154-1216), in: Vollrath, Hanna (Hrsg.), Die englischen Könige im Mittelalter. Von Wilhelm dem Eroberer bis Richard III, Deutschland, 2009, S. 71-102.

Wulf, Christoph, Einführung: Wozu dienen Tiere? Zur Anthropologie der Tiere, in: Böhme, Hartmut/ Gottwald, Franz- Theo/Holtorf, Christian/ Macho, Thomas/ Schwarte, Ludger/ Wulf, Christoph (Hrsg.), Tiere. Eine andere Anthropologie. Anthropologie des Tieres - Zoologie des Menschen. Köln: Böhlau (Schriften des Deutschen Hygiene-Museums Dresden, 3), 2004, S. 161-169.

Lexika:

Lexikon des Mittelalters. Verlag J.B. Metzler, Vol. 4, cols 208-211

Hochschulschrift:

Claridge, Jordan, Horses for work and horses for war, The divergent horse market in late medieval England, University of Alberta Libraries,Edmonton, 2011

Internetquellen:

www. apps.brepolis.net, zuletzt geprüft am 03.03.2017.

Wikipedia (Hg.) (2017): Frankreich 1154-DE - Angevinisches Reich. Online verfügbar unter https://de.wikipedia.org/w/index.php?oldid=161540813, zuletzt aktualisiert am 21.02.2017, zuletzt geprüft am 08.03.2017. (Leider konnte ich keine andere Kartenquelle finden)

Wörterbücher:

www.glosbe.com, letzter Zugriff 11.04.2017, 11:23
www.pons.com, letzter Zugriff 14.04.2017, 12.03